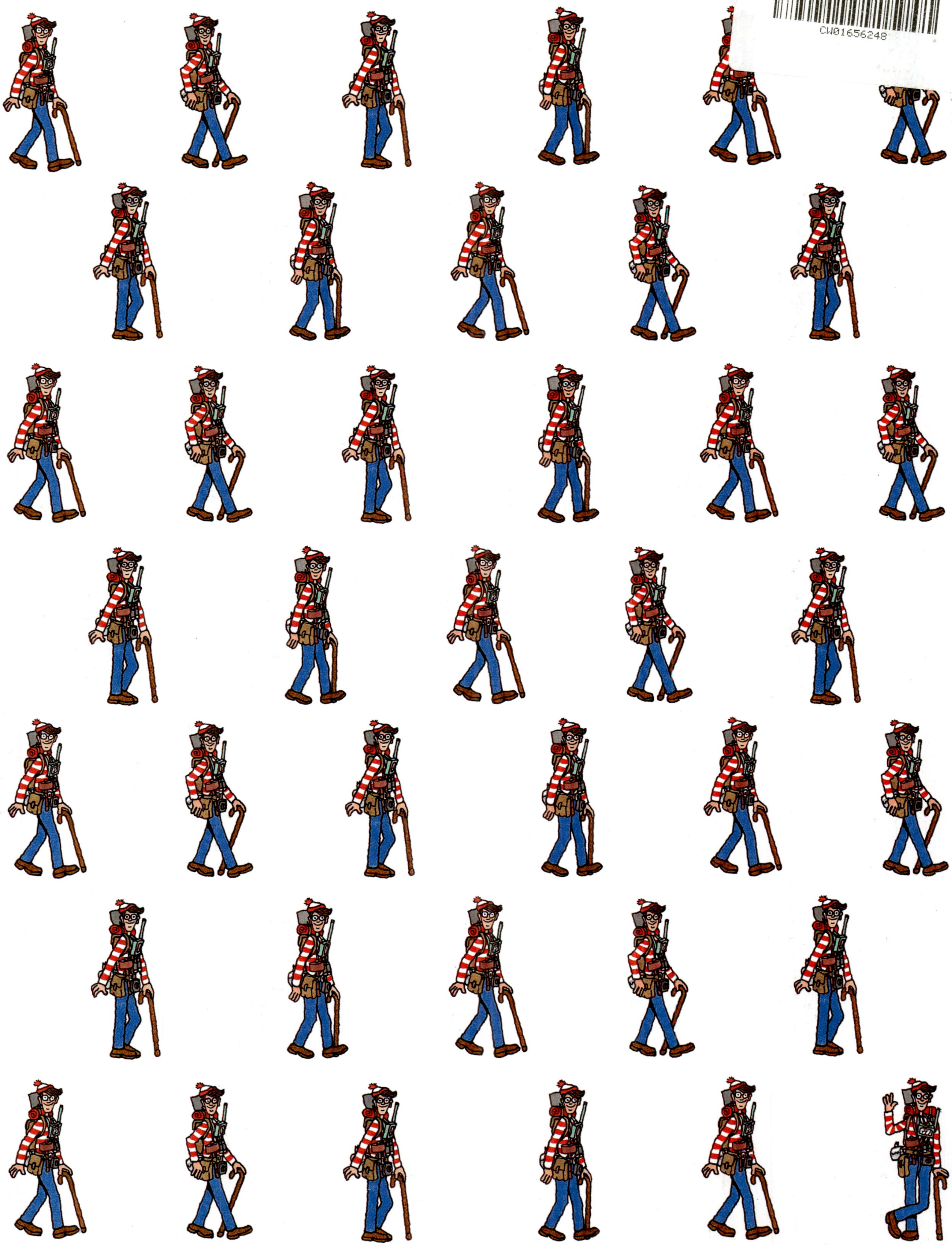

À Charlie

Texte original : Martin Handford
Adaptation française : Monique Souchon
Secrétariat d'édition : Justine de Lagausie

Première édition originale 1987 par Walker Books Limited sous le titre *Where's Wally?*
ISBN : 978-2-7000-4124-8 – Dépôt légal : janvier 2016
Imprimé en Chine
Loi n° 49-956 du 16 juillet 1949 sur les publications destinées à la jeunesse,
modifiée par la loi n° 2011-525 du 17 mai 2011.
Éditions Gründ, un département d'Édi8
12 avenue d'Italie, 75013 Paris
www.grund.fr

OÙ EST CHARLIE ?

MARTIN
HANDFORD

GRÜND

SALUT
LES COPAINS,
JE M'APPELLE
CHARLIE!

JE ME PRÉPARE À FAIRE UN TOUR DU MONDE. SI VOUS VOULEZ, JE VOUS EMMÈNE AVEC MOI. VOTRE PRINCIPAL TRAVAIL SERA DE ME TROUVER. JE SUIS BIEN ÉQUIPÉ : CANNE, BOUILLOIRE, MAILLET, TASSE, SAC À DOS, DUVET, JUMELLES, APPAREIL PHOTO, MASQUE ET TUBA, CEINTURE, SACOCHE ET MÊME UNE PELLE. AU FAIT, JE NE VOYAGE PAS SEUL, DE NOMBREUX PERSONNAGES M'ACCOMPAGNENT. TOUT D'ABORD, OUAF (DONT ON NE VOIT QUE LA QUEUE), PUIS FÉLICIE, LE MAGE BLANCHEBARBE ET, ENFIN, POUAH. VINGT-CINQ DE MES FANS ME SUIVENT AUSSI; CHACUN N'APPARAÎT QU'UNE FOIS. ET PUIS, UN AUTRE PERSONNAGE S'EST GLISSÉ DANS TOUTES LES SCÈNES; IL N'EST PAS DESSINÉ CI-DESSOUS. POURREZ-VOUS LE REPÉRER ? POUR FINIR, IL VOUS FAUDRA TROUVER DANS CHAQUE SCÈNE MA CLEF, L'OS DE OUAF, L'APPAREIL PHOTO DE FÉLICIE, LE PARCHEMIN DE BLANCHEBARBE, SANS OUBLIER LES JUMELLES DE POUAH.

BON COURAGE! *Charlie*

SALUT,
FANS DE CHARLIE!
C'ÉTAIT SUPER
À LA PLAGE AUJOURD'HUI!
J'AI VU UNE PETITE FILLE
JETER UNE GLACE
À LA TÊTE DE SON FRÈRE,
ET UN CHÂTEAU DE SABLE
AVEC UN VRAI CHEVALIER
EN ARMURE À L'INTÉRIEUR!
C'ÉTAIT GÉNIAL!
Charlie
OÙ EST
À
LA PLAGE
CHARLIE?
DEST.:
FANS DE CHARLIE
ICI, LÀ,
PARTOUT.

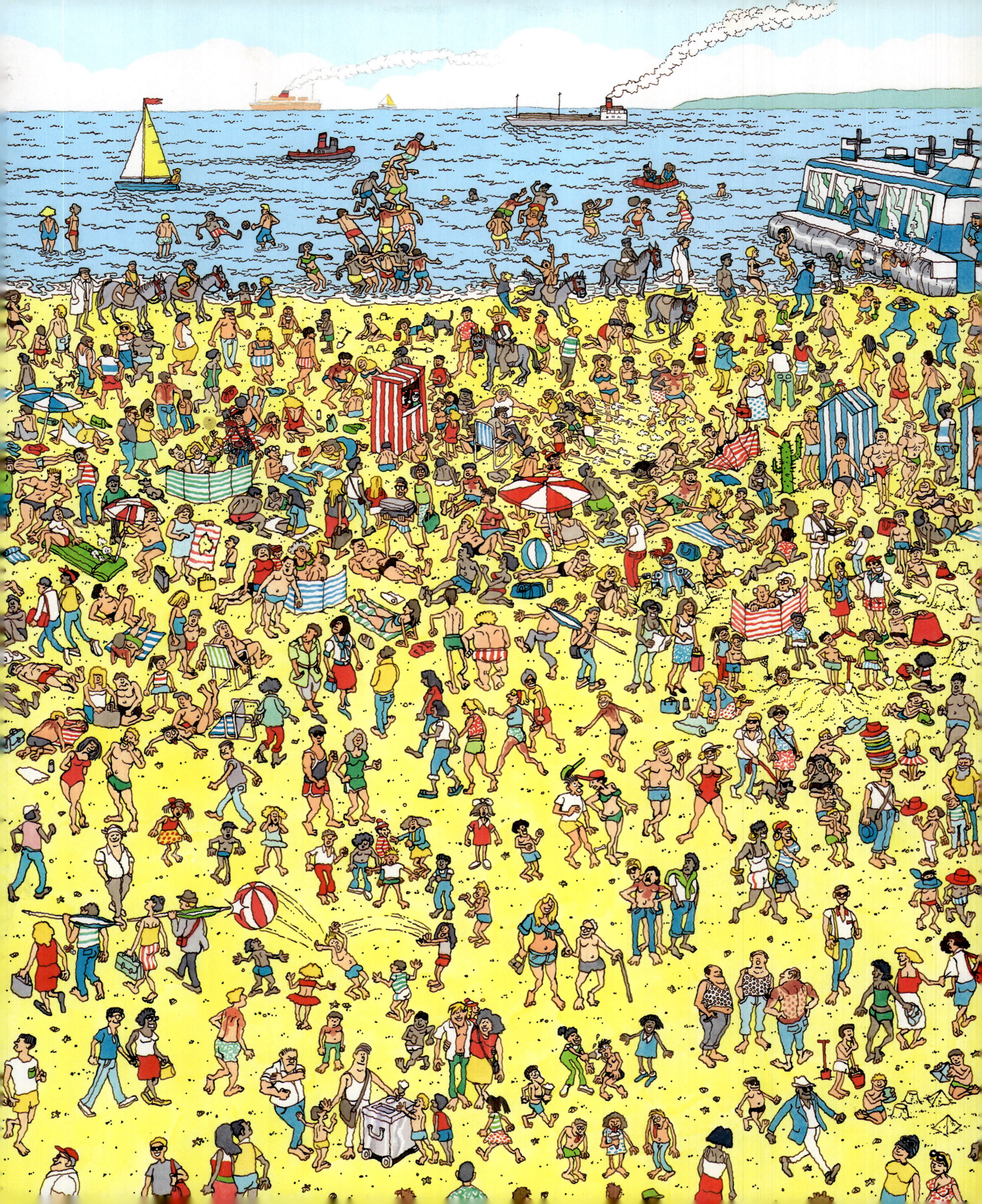

COUCOU,
LA BANDE À CHARLIE!
EN DESCENDANT QUELQUES PISTES, J'AI VU DES CHOSES INCROYABLES! IL Y AVAIT UN SKIEUR QUI OFFRAIT DES FLEURS À SA PETITE AMIE, UN AUTRE QUI TRANSPORTAIT UNE ANCRE SUR SON ÉPAULE, UN AUTRE ENCORE QUI DESCENDAIT LA PENTE, PRIS DANS UNE ÉNORME BOULE DE NEIGE! C'EST À PEINE CROYABLE, NON?
Charlie
OÙ EST
AUX SPORTS D'HIVER
CHARLIE?
DEST.:
LA BANDE À CHARLIE,
EN HAUT,
EN BAS,
PARTOUT AILLEURS.

ATTENTION! ATTENTION!
ADMIRATEURS DE CHARLIE!
AVEZ-VOUS DÉJÀ VU
DES SIRÈNES DANS UN CANAL?
UN CHIEN PARÉ D'UNE COIFFURE
D'INDIEN? OU UN BALLON DE
FOOT LANCÉ D'UN PIED SÛR
TRAVERSER UNE CARAVANE?
MOI, J'AI VU TOUT CELA
AUJOURD'HUI! C'ÉTAIT
ABSOLUMENT FABULEUX!
Charlie
OÙ EST CHARLIE?
AU TERRAIN DE CAMPING
DEST.:
ADMIRATEURS
DE CHARLIE,
NORD DU PÔLE SUD,
EST DU PÔLE OUEST,
PLANÈTE TERRE.

TCHOUK-TCHOUK,
DISCIPLES DE CHARLIE!
J'ADORE LES GARES,
PAS VOUS? IL Y A TANT
DE TRAFIC AUJOURD'HUI.
VACHES ÉCHAPPÉES
D'UN FOURGON, HOMME
ENDORMI ENTRE LES RAILS,
CHIENS CAUSANT TOUTES
SORTES D'INCIDENTS!
C'EST VRAIMENT CHOUETTE!
Charlie
OÙ EST CHARLIE? À LA GARE
DEST.:
DISCIPLES DE CHARLIE,
AU-DELÀ DES MERS,
EN BAS DE LA RUE,
APRÈS LE VIRAGE.

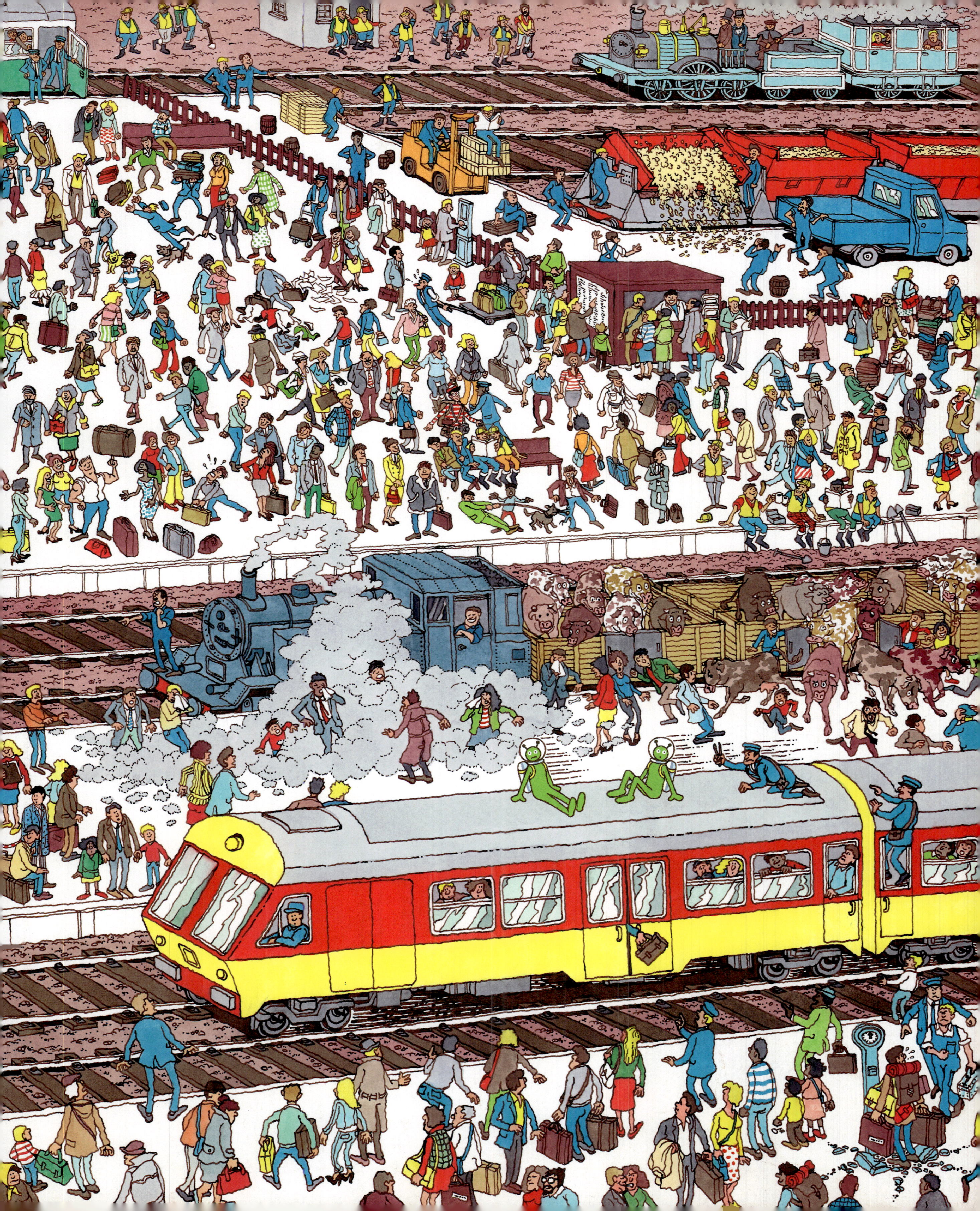

C'EST ENCORE MOI,
COPAINS DE CHARLIE!
IL SE PASSE DES CHOSES
BIZARRES À L'AÉROPORT
CE MATIN. UN HÉLICOPTÈRE
A DÉCAPITÉ TOUTES
LES HAMPES DE DRAPEAU,
UN CONTREBANDIER
S'EST FAIT PRENDRE AVEC
DES MONTRES CACHÉES
DANS SA BARBE, UN TROUPEAU
D'ÉLÉPHANTS EST MONTÉ
DANS UN JUMBO-JET.
BIZARRE, NON?
Charlie
OÙ EST
À L'AÉROPORT
CHARLIE?
DEST.:
COPAINS DE CHARLIE,
SOUS LE TAPIS,
SOUS LE LIT,
ENCORE DESSOUS.

À VOS MARQUES,
SUPPORTERS DE CHARLIE!
QUEL CHAMPIONNAT!
PRESQUE UNE ÉMEUTE!
REGARDEZ CET ARBITRE
CLOUÉ AU SOL PAR DES
JAVELOTS! ET CET ATHLÈTE
QUI A CASSÉ SA PERCHE!
À PROPOS DE PERCHE,
AVEZ-VOUS REPÉRÉ
LE GRAND CHAMPION
DE SAUT EN HAUTEUR?
Charlie
OÙ EST CHARLIE? AU STADE
DEST.:
SUPPORTERS
DE CHARLIE,
IL ÉTAIT UNE FOIS,
DANS LE MONDE
D'HIER, DEMAIN.

COMMENT ALLEZ-VOUS CHERS ÉLÈVES? COMME VOUS LE SAVEZ, JE SUIS TRÈS INTELLIGENT. J'APPRENDS BEAUCOUP DANS LES MUSÉES. J'AI COMPRIS COMMENT ON CHATOUILLE LES DOIGTS DE PIED D'UN GARDIEN COINCÉ AU PILORI, COMMENT ON FAIT TOMBER UNE ARMURE, COMMENT LES MOMIES ÉGYPTIENNES PORTENT LEUR BÉBÉ. C'EST BEAU LA SCIENCE!
Charlie
OÙ EST CHARLIE?
AU MUSÉE
DEST.: ÉLÈVES DE CHARLIE, ÉCOLE, PROBLÈMES, TOUJOURS.

LARGUEZ LES AMARRES, MARINS DE CHARLIE! COMMENT VOUS DÉCRIRE LES MERVEILLES QUE J'AI APERÇUES? UN HOMARD ALLONGÉ DANS UN LIT FLOTTANT! UNE ÎLE DÉSERTE QUI CHAVIRE! UN REQUIN DANS UNE PISCINE! MAIS... M'AVEZ-VOUS TROUVÉ? TELLE EST LA VRAIE QUESTION.
Charlie
OÙ EST
EN MER
CHARLIE?
DEST.: MARINS DE CHARLIE, AU FOND DE LA MARE, AU BORD DE LA CRIQUE.

HÉ! CHASSEURS DE CHARLIE! JE SUIS L'AMI DES ANIMAUX, ÇA C'EST SÛR! J'AIME CET HIPPOPOTAME AVEC SON RÉVEIL, CE LION QUI SE FAIT PEIGNER LA CRINIÈRE, CETTE GIRAFE QUI DÉGUSTE UN CHAPEAU ET CES CHOUETTES AVEC LEURS LUNETTES DE SOLEIL!
Charlie
OÙ EST CHARLIE?
À LA RÉSERVE
DEST.: CHASSEURS DE CHARLIE, JOLI COIN, LA JUNGLE, DEHORS.

REGARDEZ BIEN,
VOUS QUI GUETTEZ CHARLIE!
JE SUIS ABASOURDI PAR
TOUT CE QUE J'AI VU
AUJOURD'HUI: UNE FEMME
QUI BRÛLE UN PANTALON
AVEC UN FER À REPASSER,
UN HOMME QUI ENLÈVE
SES HABITS POUR LES LAVER,
UN GANT QUI TENTE
D'ÉTRANGLER UN CLIENT...
BREF! UN TAS DE TRUCS
INCROYABLES!
Charlie
OÙ EST
AU GRAND MAGASIN
CHARLIE?
DEST.:
LES GUETTEURS
DE CHARLIE,
DANS LA LUNE,
L'OUEST SAUVAGE,
MAINTENANT.

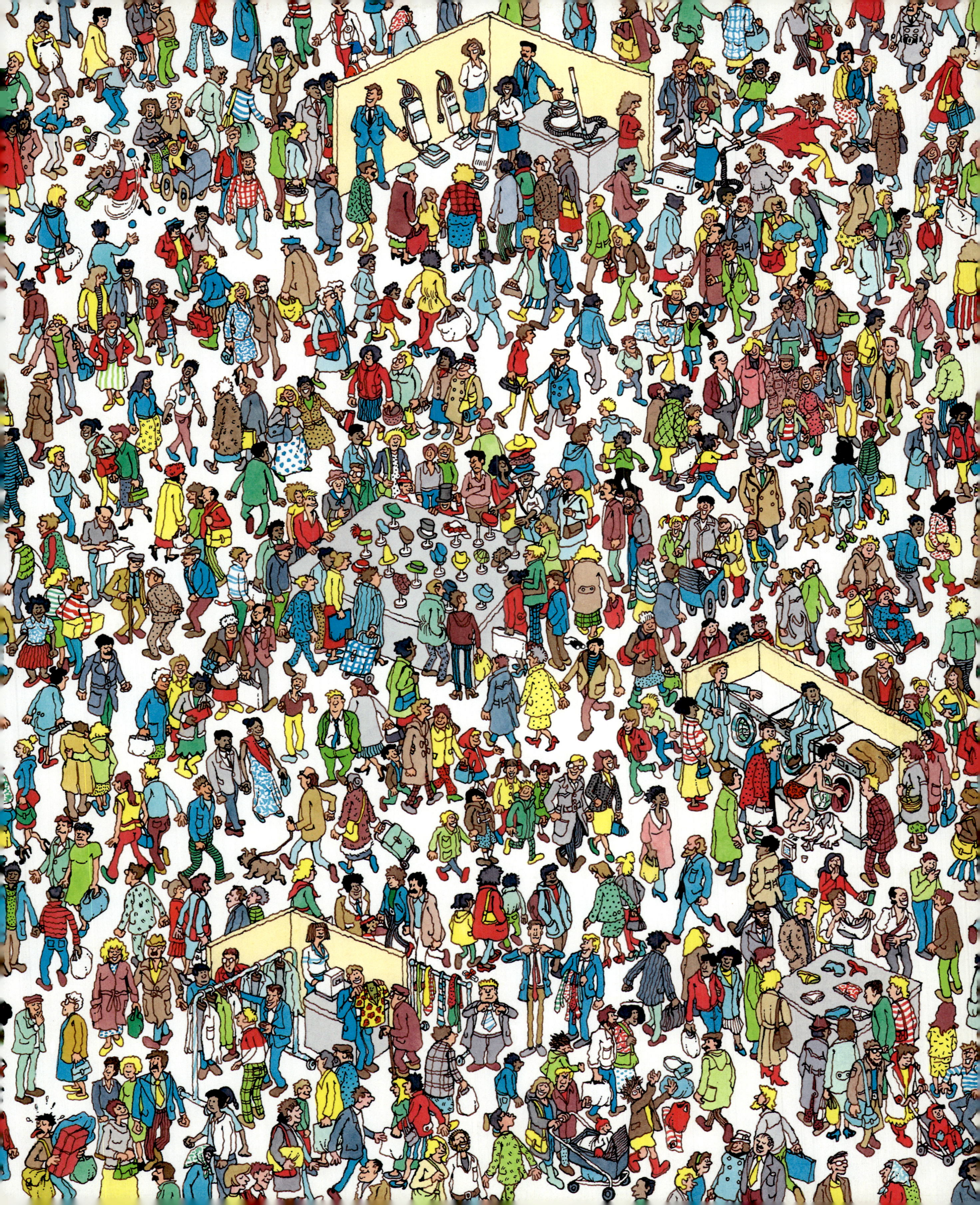

RETROUSSEZ VOS MANCHES, JOYEUX COMPAGNONS DE CHARLIE! VOUS DEVEZ RETOURNER AU DÉBUT DE CE LIVRE ET RETROUVER TOUTES LES PIÈCES DE MON ÉQUIPEMENT, PUISQUE J'EN AI OUBLIÉ UNE DANS CHAQUE ENDROIT OÙ JE SUIS PASSÉ. ET CE N'EST PAS TOUT: L'UN DE MES FANS A PERDU LE POMPON DE SON CHAPEAU. LEQUEL EST-CE? ET OÙ EST SON POMPON?
Charlie
OÙ EST À LA FÊTE FORAINE CHARLIE?
DEST.: LES JOYEUX COMPAGNONS DE CHARLIE, RETOUR À LA CASE DÉPART, POUR UN NOUVEAU DÉBUT, EXTRA.